베데스다의 기적

구원은 은혜로

강효민 목사

"예수께서 이르시되 일어나 네 자리를 들고 걸어가라 하시니
그 사람이 곧 나아서 자리를 들고 걸어가니라"(요한복음 5:8-9)

새싹 전도협회

하나님은 당신을 사랑하십니다

예수님 안에 행복이 있습니다

님께
....

드림
....

년   월   일
....

베데스다의 기적
구원은 은혜로

요한복음 5:2-9a

"예루살렘에 있는 양문 곁에 히브리 말로 베데스다라 하는 못이 있는데 거기 행각 다섯이 있고 그 안에 많은 병자, 맹인, 다리 저는 사람, 혈기 마른 사람들이 누워 [물의 움직임을 기다리니 이는 천사가 가끔 못에 내려와 물을 움직이게 하는데 움직인 후에 먼저 들어가는 자는 어떤 병에 걸렸든지 낫게 됨이러라] 거기 서른여덟 해 된 병자가 있더라 예수께서 그 누운 것을 보시고 병이 벌써 오래된 줄 아시고 이르시되 네가 낫고자 하느냐 병자가 대답하되 주여 물이 움직일 때에 나를 못에 넣어 주는 사람이 없어 내가 가는 동안에 다른 사람이 먼저 내려가나이다 예수께서 이르시되 일어나 네 자리를 들고 걸어가라 하시니 그 사람이 곧 나아서 자리를 들고 걸어가니라"

본문은 예수님께서 '베데스다' 못가에서 38년 된 병자를 기적적으로 고쳐주신 사건을 기록한 내용입니다. '베데스다'는 '은혜의 집', '자비의 집'이라는 뜻인데 예수님께로부터 고침받은 38년 된 병자에게 그곳은 정말 '은혜의 집', '자비의 집'이 되었습니다.

베데스다 못에는 전해 내려오는 이야기가 하나 있었습니다.

천사가 한 번씩 내려와 물을 움직이게 하는데 그때 누구라도 제일 먼저 못에 들어가면 어떤 병을 가졌든지 낫는다는 것입니다. 본문에는 그 내용이 괄호로 묶여져 있는데 이것은 성경 원본에 있는 내용이 아니라 누군가가 후에 덧붙인 것을 뜻합니다. 왜 그곳에 많은 병자들이 모여 있었는가를 설명해주기 위함이지요.

이것은 어디까지나 전해 내려오는 이야기일 뿐 확인된 사실은 아닙니다. 그럼에도 불구하고 그곳은 늘 병 낫기를 바라는 사람들로 넘쳐났습니다.

38년 된 병자와 예수님

어느 날 예수님께서 그곳에 오십니다. 그리고 38년 된 병자에게 다가가셔서 말을 건네십니다.

"네가 낫고자 하느냐?"

"물론 낫기를 원하지요. 그런데 낫기를 원하면 뭐합니까. 다른 사람들이 항상 나보다 먼저 물에 들어가는 것을요."라는 의미로 병자가 대답을 합니다.

저는 이 사람이 참 놀랍다는 생각이 듭니다. 물에 들어갈 수도 없으면서 그곳에 와 있는 것도 놀랍고, 38년 동안 병 낫기를 포기하지 않은 것도 놀랍습니다. 이런 열정을 보시고 예수님께서 그를 고쳐주신 것이 아닌가 생각합니다.

병 낫기를 바라는 그의 마음을 보시고 예수님은 이렇게 말씀

하십니다.

"일어나 네 자리를 들고 걸어가라."

예수님의 이 말씀 한 마디에 그 사람은 "곧 나아서 자리를 들고 걸어갔다"고 성경은 말씀합니다.

지금까지 이 사람은 병을 고치기 위해 안 해본 것이 없습니다. 좋다는 약은 다 먹어보았고, 용하다는 의사는 다 만나보았습니다. 그런데도 소용이 없었습니다. 마지막으로 희망을 안고 찾아온 곳이 베데스다였는데 그곳에서 그는 예수님을 만났고, 예수님의 호의로 38년 된 병을 고침 받았습니다.

사건이 주는 교훈

이 사건은 구원과 관련해서 우리에게 중요한 사실 두 가지를 말해줍니다.

사람에게는 자신을 구원할 능력이 없다는 것과 오직 예수 그리스도를 통해서만이 구원받을 수 있다는 것입니다.

'구원'이란 자기가 가지고 있는 문제로부터 벗어나는 것을 말합니다. 물에 빠진 사람에게 구원이란 물에서 건짐 받는 것이고, 병으로 죽어가는 사람에게 구원이란 병에서 고침 받는 것입니다. 그런데 지금 제가 말씀드리는 구원은 죄로부터의 구원, 죽음으로부터의 구원, 영원한 형벌로부터의 구원을 말합니다.

사람이 가지고 있는 문제 중에서 제일 큰 문제가 무엇인줄 아십니까?

'죽음'이라는 문제입니다. 이런 저런 문제가 사람들에게 많이 있는 것 같지만 다 살아 있을 때의 이야기이고, 죽음 앞에 서면 죽음보다 더 큰 문제는 없습니다.

사람이 죽는 이유

그런데 사람이 왜 죽는 줄 아십니까? 죄 때문입니다. 죄 때문에 사람은 병들고, 고통당하고, 결국은 죽는 것입니다. 본문의 38년 된 병자에게도 병 자체보다도 더 심각하고 근원적인 문제가 있었는데 그것은 죄의 문제였습니다. 본문 조금 아래, 요한복음 5장 14b절을 보면 예수님께서 그를 다시 만나 이런 말씀을 하십니다. "네가 나았으니 더 심한 것이 생기지 않게 다시는 죄를 범하지 말라."

그의 근원적인 문제가 무엇이었다는 것입니까? 죄였다는 것입니다. 이 사람뿐 아니라 이 세상 모든 사람의 가장 근본적이고 근원적인 문제는 죄입니다. 죄 때문에 병도 오고, 아픔도 오고, 죽음도 오는 것입니다. 로마서 5장 12절은 이렇게 말씀합니다. "그러므로 한 사람으로 말미암아 죄가 세상에 들어오고 죄로 말미암아 사망이 들어왔나니 이와 같이 모든 사람이 죄를 지었으므로 사망이 모든 사람에게 이르렀느니라."

이 말씀에 의하면 사람이 왜 죽습니까? 죄 때문에 죽습니다. 이 세상에 죄인 아닌 사람은 한 사람도 없고 그래서 모든 사람은 죽는 것입니다.

어떤 분들은 '죄인' 인 것을 가르쳐주면 기분 나빠합니다. 착하게 살고 있는데 왜 죄인이냐는 것이지요. 대한민국의 법으로나 보편적인 인간의 기준으로 보면 선한 사람일 수 있습니다. 죄인이 아닐 수 있습니다. 그러나 하나님의 법 앞에서도 나는 죄인이 아니라고 말할 수 있겠습니까? 그럴 수 있는 사람은 한 사람도 없습니다. 아무리 착하게 살아도 그 마음에는 바르지 못한 것, 추한 것, 더러운 것이 있습니다. 음란과 미움, 욕심이 있습니다. 이런 것들이 다 죄이고, 죄의 결과로 사람은 죽을 수밖에 없습니다. 또한 죽음이 끝이 아니라 죽음 후에는 심판이 있고, 영원한 지옥의 형벌이 있다고 성경은 말씀합니다. 그렇기 때문에 사람은 구원받아야 하는 것입니다.

죽음 이후

최근에 저는 신문을 읽다가 크게 나온 책 광고 하나를 보았습니다. 책 제목이 저의 관심을 끌었는데 '나는 천국을 보았다' 라는 책입니다. 책의 저자는 이븐 알렉산더로 이 분은 하버드 메디컬스쿨의 신경외과 교수를 지낸 분이고 뇌의학 분야에서 세계적인 권위자입니다. 그런 그가 뇌사상태(혼수상태)에서 죽음 너머의 세계를 체험하고 그 체험을 책으로 펴낸 것입니다. 그 광고를 보면서 '많은 사람들이 이 책을 사서 읽겠구나.' 라는 생각이 들었습니다. 다른 사람도 아니고 하버드에서 뇌를 전문적으로 다루는 신경외과 교수를 지낸 분이고, 뇌의학 분야의 세계적인 권위자라니 그의 말에 끌리지 않을 사람이 어디 있겠습니까! 저도 저자의 배경에 끌려 신문에 난 책의 광고를 유심히 읽었고 결국 책도 샀습니다.

그러나 제가 한 가지 확실하게 말씀드릴 수 있는 것은 그 책보다 훨씬 더 믿을 수 있는 책이 있는데 바로 성경입니다. 성경에 의하면 천국과 지옥은 분명히 존재합니다. 그리고 천국에 가려면 사람은 구원받아야 합니다.

구원 받을 수 있는 길

어떻게 하면 사람이 구원받을 수 있을까요?

어떤 사람들은 착하게 살면 구원받을 수 있고, 천국에 갈 수 있다고 생각합니다. 거기에 대해 성경은 "우리의 의는 다 더러운 옷과 같다"(이사야 64:6)고 말씀합니다. 사람이 아무리 착하게 살아도 거룩하신 하나님께서 보시기에는 추악한 죄인일 뿐입니다. 그러므로 선행으로는 절대로 구원받을 수 없습니다.

어떤 사람들은 종교를 통하여 구원받으려고 합니다. 종교는 베데스다 못의 전설과도 같은 것이라 할 수 있습니다. 그 안에 구원이 있는 것 같지만 사실은 없습니다. 종교는 구원의 필요성을 아는 인간들이 구원받기 위해 고안해낸 작품에 불과합니다. 그런 종교로는 절대로 구원받을 수 없습니다.

그렇다면 어떻게 구원받을 수 있을까요? 구원은 어디에 있는 것일까요?

구원은 오직 예수 그리스도 안에

구원은 오직 예수 그리스도 안에 있습니다. 예수님께서 말씀하시기를 "내가 곧 길이요, 진리요, 생명이니 나로 말미암지 않고는 아버지께로 올 자가 없느니라."라고 하셨습니다. 사도행전 4장 12절은 "다른 이로써는 구원을 받을 수 없나니 천하 사람 중에 구원을 받을 만한 다른 이름을 우리에게 주신 일이 없음이라."라고 선언합니다.

본문에서 38년 된 병자가 어떻게 고침을 받았는지 다시 한 번 잘 생각해 보기 바랍니다. 그는 예수님을 만남으로, 예수님의 호의로 고침을 받았습니다. 이것이 하나님께서 사람들을 구원해 주시는 방법입니다. 구원은 하나님께서 사람들에게 베풀어 주시는 은혜요, 거저 주시는 선물입니다. 에베소서 2장 8절이 그것을 잘 말씀합니다. "너희는 그 은혜에 의하여 믿음으로 말미암아 구원을 받았으니 이것은 너희에게서 난 것이 아니요 하나님의 선물이라."

그렇습니다. 구원은 하나님께서 사람들에게 은혜로 주시는 선물입니다. 값없이 주시는 것이라고 해서 값어치 없는 것으로 생각해서는 절대로 안 됩니다. 구원을 받는 사람의 입장에서는 값없이, 공짜로 받지만 구원을 베푸시는 하나님의 입장에서는 엄청난 대가를 지불하셨기 때문입니다.

본문에서 38년 된 병자는 너무나 쉽게 병 고침을 받았습니다.

그러나 예수님은 그 일 때문에 큰 어려움을 당하게 됩니다. 요한복음 5장 16절을 보면 예수님께서 그 일을 안식일에 행했다고 해서 사람들이 예수님을 박해하게 됩니다. 18a절에는 예수님을 죽이려고 했다고 했습니다. 결국 예수님은 사람들에 의해 십자가에 달려 돌아가시고 맙니다.

예수님이 돌아가신 이유

38년 된 병자를 말씀 한 마디로 고칠 수 있었던 능력 많은 그분께서 왜 그렇게 무력하게 십자가에 달려 돌아가신 줄 아십니까? 그것은 바로 저와 당신의 죄값을 지불하시기 위함이었습니다. 베드로전서 2장 24a절은 이렇게 말씀합니다. "친히 나무에 달려 그 몸으로 우리 죄를 담당하셨으니 이는 우리로 죄에 대하여 죽고 의에 대하여 살게 하려 하심이라."

예수님은 바로 저와 당신의 죄값을 지불하시기 위해 십자가에 달려 돌아가신 것입니다. 그러나 하나님의 본체가 되시는 예수님은 우리의 죄값을 지불하시고 3일 만에 다시 살아나셨습니다. 그러므로 이제 우리는 예수님의 보혈의 공로로 값없이, 은혜로 구원받을 수 있게 된 것입니다. 로마서 3장 23-24절은 이렇게 말씀합니다. "모든 사람이 죄를 범하였으매 하나님의 영광에 이르지 못하더니 그리스도 예수 안에 있는 속량으로 말미암아 하나님의 은혜로 값없이 의롭다 하심을 얻은 자 되었느니라."

사람은 오직 예수 그리스도를 통해서만이 구원받을 수 있습니다. 만일 당신이 아직 예수님을 믿지 않고 있다면 지금 예수님을 당신의 주님으로 받아들이고 구원받으시기 바랍니다.

고귀한 사랑과 희생

최근에 영국 런던에서는 이슬람 과격분자 두 사람에 의해서 영국 군인 한 사람이 참수 살해되는 일이 있었습니다. 그것도 대낮에, 많은 사람들이 보는 가운데서 그런 끔찍한 일이 일어났습니다.

그 날 로요 케네트라는 한 부인이 버스를 타고 그곳을 지나가고 있었습니다. 군인이 도로에 쓰러져 있는 것을 본 부인은 교통사고가 난 줄 알고 응급처치를 해줄 생각으로 버스에서 내립니다. 그러나 군인이 참수 살해당했다는 것을 알게 된 부인은 피 묻은 칼을 들고 서 있는 범인에게 다가갑니다. 그리고 말을 붙입니다. "왜 그랬느냐, 원하는 것이 뭐냐, 손에 든 것(칼) 이리 줘봐라…." 나중에 언론이 그 부인을 찾아 왜 위험을 무릅쓰고 그런 행동을 했느냐고 물었을 때 그녀는 "다른 사람들을 공격할까봐 나에게 관심을 돌리려고" 그랬다고 대답했습니다.

그 시간은 아이들이 하교하는 시간이어서 잘못 하다가는 아이들이나 다른 누군가가 또 희생당할 것을 우려하여 그녀는 차라리 자신이 희생당하는 것이 낫겠다는 각오로 그런 행동을 한 것입니다. 신문 1면에 실린, 피 묻은 칼을 들고 서 있는 남자와

대화하는 그녀의 사진을 보았을 때 저는 한 동안 눈을 뗄 수가 없었습니다. 말로 표현할 수 없는 고귀한 사랑과 희생을 그녀에게서 보았기 때문입니다.

예수님께서 우리에게 보여주신 사랑과 희생이 그런 것이라고 하면 당신은 조금 이해가 될지 모르겠습니다. 예수님은 저와 당신을 위해 십자가에서 피를 흘리며 돌아가셨습니다. 저와 당신이 죽어야 할 자리에서 예수님이 대신 돌아가신 것입니다. 예수님의 그 십자가 공로를 받아들일 때 당신도 죄 사함 받을 수 있고, 구원받을 수 있습니다. 그 은혜가 당신에게 있기를 바랍니다.

예수님께서 당신을 위해 하신 일을 진심으로 받아들인다면 지금 이렇게 기도하십시오.

"하나님, 저는 죄인입니다. 지금까지 저는 하나님을 떠나 살았고, 예수님께서 저를 위해 돌아가신 것도 몰랐습니다. 이제 예수님께서 저의 죄를 위해서 돌아가신 것과 3일 만에 다시 살아나신 것을 믿습니다. 저를 구원해 주시고, 하나님의 자녀로 삼아주십시오. 예수님의 이름으로 기도합니다. 아멘!"

이 기도를 마음으로부터 하셨다면 당신은 구원받았습니다(로마서 10:9-10). 이제부터 당신은 하나님의 자녀입니다(요한복음 1:12). 영생을 얻었고 천국에 갈 수 있습니다(요한복음 5:24, 14:1-3).

어린 아이가 자라려면 음식과 돌봄이 필요하듯 당신도 영적인 음식과 돌봄이 필요합니다. 성경적인 교회를 찾아 당신의 교회로 정하시고 믿음생활을 하시기 바랍니다. 당신의 삶에 하나님의 인도하심과 보호하심이 있기를 기도합니다.

강 효 민 목사

미국 바이올라대학교의 탈봇신학대학원에서 공부하였으며(목회학 석사 · 박사),
서울 중곡동에 있는 새삶침례교회의 담임목사로 섬기고 있다. 저서로는 「말하지
아니할 수 없습니다」(전도 칼럼집), 「복음의 능력」(로마서 강해설교), 「요한계시
록이 보인다」(요한계시록 강해설교), 「성령이 임하시면」(사도행전 강해설교) 등이
있다.

베데스다의 기적

지 은 이 | 강 효 민
펴 낸 날 | 2013년 7월 7일
펴 낸 곳 | 새삶전도협회
　　　　　www.nleva.org
　　　　　서울시 광진구 능동로 314
　　　　　(02) 458-0691

출판등록 | 제25100-2007-26호
ISBN 978-89-6961-001-0